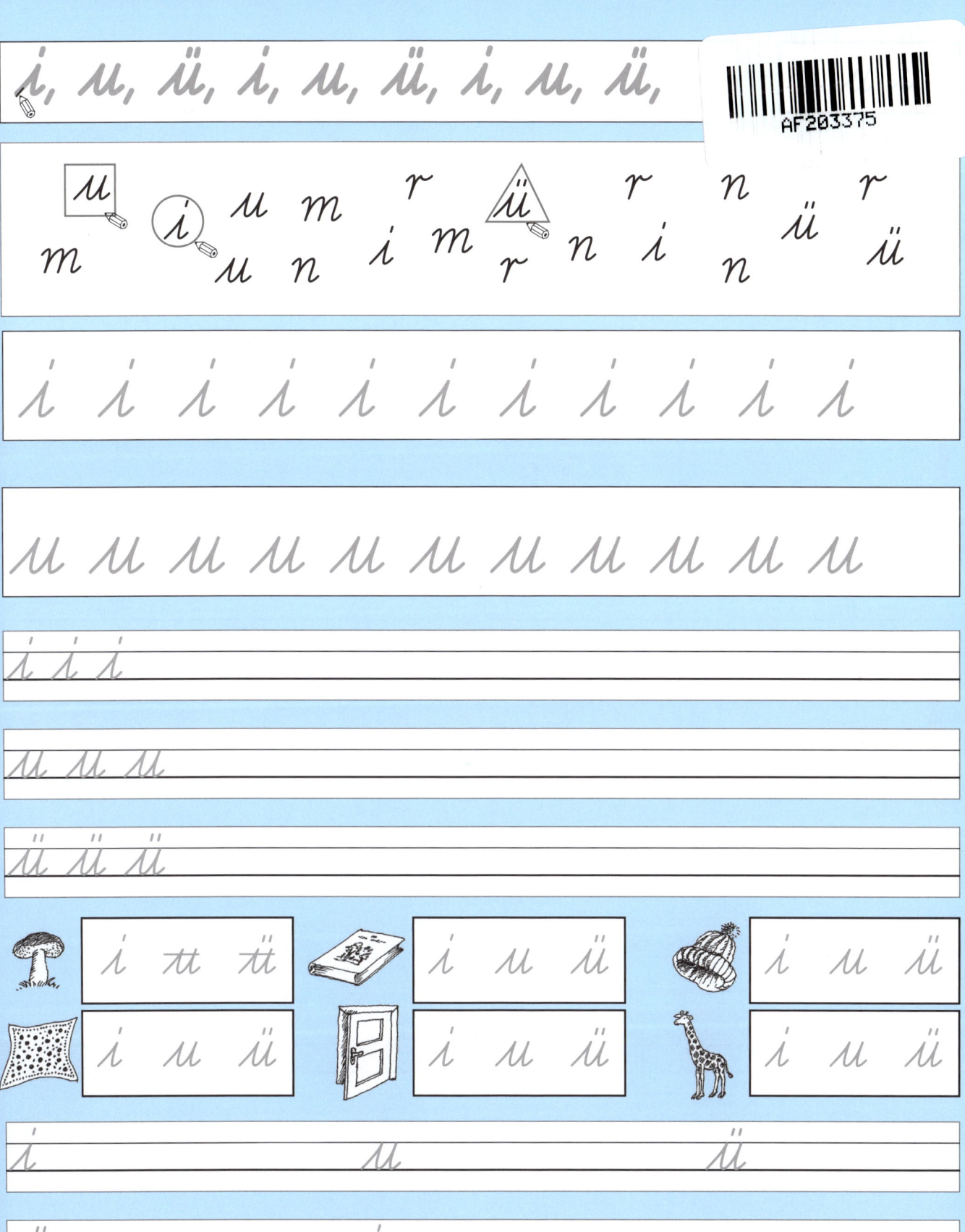

i, u, ü, i, u, ü, i, u, ü,

n n

m m   *r r*

n	n	r	r	m	m	n	n	r	m	r	n
n											

m   *n*   *r*

m, m, n, r

Mama   u d   Si one   Au nen.

r, n, r, r

Sie   ennen   u d   ollen   umhe .

im   *in*

ihm   *ich*

um   *über*

uns   *und*

in	*ihr*
und	*um*
im	*und*
um	*in*
ihr	*im*

in

ins, unter, im, um, über, im

unter Wasser sein,   *Bett gehen,*

den Hund lachen,   *Bus fahren,*

See baden,   *das Haus laufen*

3

a a   *d d* | *c a o d* |

o o   *c c*

da ach nach noch ich mich

doch noch der die das du

---

doch	*da*
dann	*dich*
dich	*nach*
da	*noch*
nach	*doch*
noch	*dann*

noch nach ~~*alle*~~

Vater ruft [*alle*] zusammen.

am im um

Die Kinder sitzen [ ] Tisch.

im noch achts

Ich soll [ ] von Oma grüßen.

doch am nach

Bald fahren wir [ ] Hamburg.

MNA

Mond   Mama

Name   Nina

Arm   Alarm

N   n   N
M
A
N
A
M

Mund

Ampel

Album

Nudeln

Nadel

Mauer

Mund

Am	Na	Mu	pel	Mus	me
Am	ge	tag	Mon	Au	Num
bel	si	Ne	sel	sik	mer

Name

Nina ist an der Mauer. Mama ist im Auto.
Nicki ist in Afrika. Anna ist an der Ampel.

_l l_   _l l_ | _l e f_ |

_f f_   _elf_

feiern, laufen, alle, elf, leer, eine, fallen, lernen, billig, hell

lernen

Roller,

hel · lau · prü · ru · kau · pfei · sau · rau · dür · schnau · fen

prüfen,

flink · laufen · fallen · laut · tief · helfen · lesen · leise · billig · rufen · einkaufen · schnell

laut rufen,

8

h h h

k k k   hacken

links   rechts

nk   nk

O☆el kra☆ Ba☆ de☆en du☆el sche☆en

Onkel

Milch holen

dem Sohn helfen

Makkaroni kochen

zur Bank fahren

mis Mehl backen

Mama will Milch holen.

b b b   *ba* | *b bl ba be* |

bo   *bl*   *bald*

be   *bei*

baden bohren bellen beten
bitten bleiben blenden bringen

bad̲e̲n̲	*baden*	b_h___	
b_ll__		b_i_g__	
b_t__		b_tt__	
b_ei___		b___d__	

wir (en)	*ich (e)*	*er (t)*
wir bohre̲n̲	*ich*	*er*
	belle	
		bleibt
brummen		

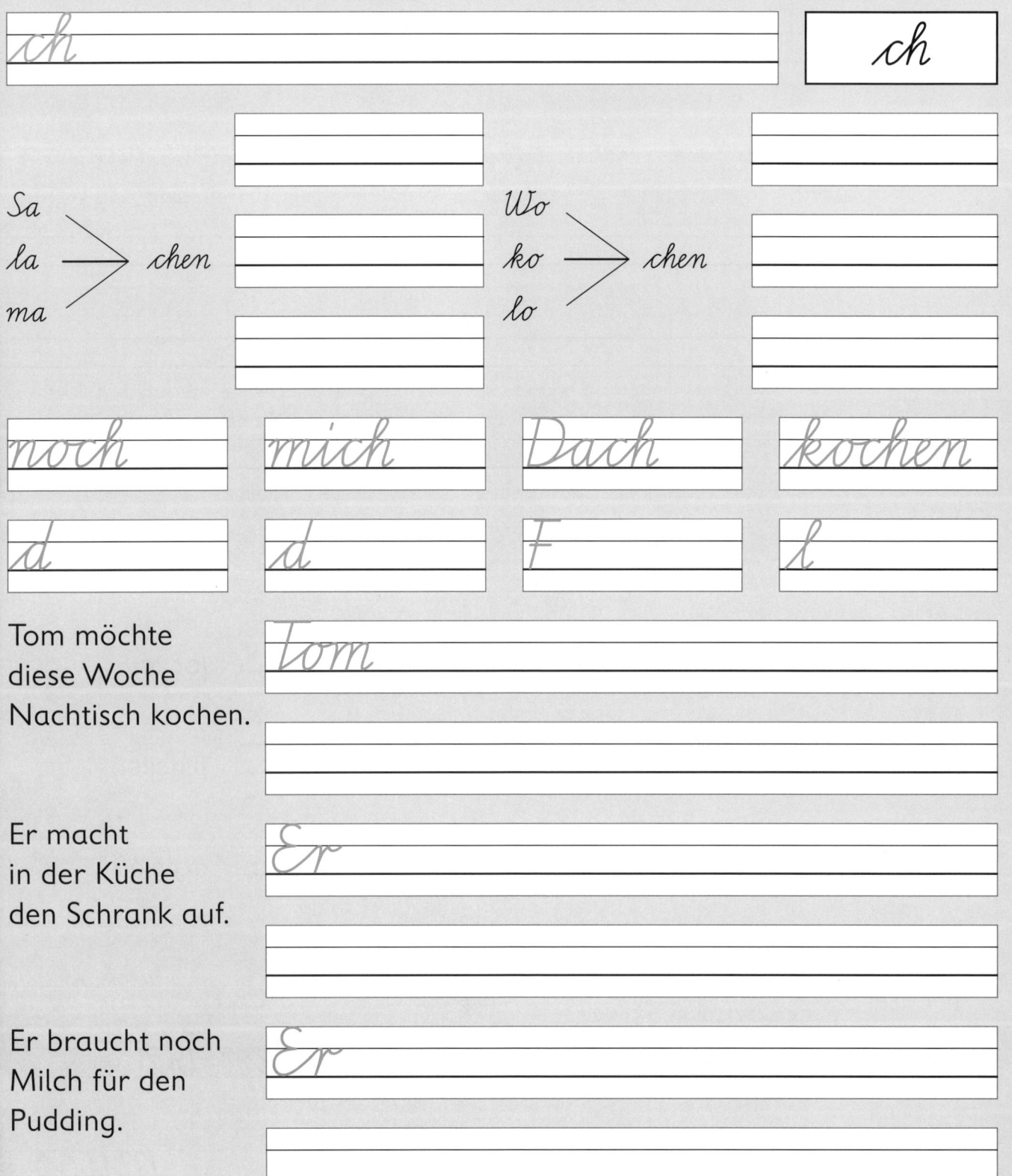

ch

ch

Sa
la > chen
ma

Wo
ko > chen
lo

noch   mich   Dach   kochen

d   d   F   l

Tom möchte
diese Woche
Nachtisch kochen.

Tom

Er macht
in der Küche
den Schrank auf.

Er

Er braucht noch
Milch für den
Pudding.

Er

ck

~~Acker~~, Rock, Jacke, Ticket, Brücke, Glück, Stock, Decke, Stück

der	die	das
Acker		

Was nicht dünn ist, das ist _____ qick

Was nicht fest ist, das ist _____ ɹockeɹ

Was nicht nass ist, das ist _____ ɟɹockeu

Was nicht sauber ist, das ist _____ ɓɹǝckıɓ

Trockner trocknen Drucker drucken ~~Bäcker~~ ~~backen~~ Wecker wecken

Der Bäcker will backen. Der W

muss w_____. Der D_____ muss

d_____. Der T_____ muss t_____.

n _____ *f* _____

pf _____ *pflegen* _____

🐎 = pf   🐟 = f

sa🐎er *tapfer*   klo🐎en _____

Dor🐟 _____   kau🐟en _____

lau🐟en _____   To🐎 _____

A🐎el _____   hü🐎en _____

Was macht Opa im Garten?

pflanzen   pflegen   ~~pflücken~~   putzen

die Äpfel pf l ü ck en   *die Äpfel pflücken*

die Blumen ___e___   _____

das Haus _u____   _____

die Tulpen _____z__   _____

13

qu

Qu   Quark

qu   bequem

Qualm   *qualmen*

Quelle

Quirl

Quatsch

Qual

quatschen

quälen

quirlen

quellen

qualmen

Q¹	e⁵	u²	l⁴	l	a³

1	2	3	4	5

Q¹	l⁵	r⁴	u²	i³

1	2	3	4	5

u²	l⁴	l	Q¹	e³	e⁵

1	2	3	4	5

r⁴	Q¹	a³	u²	k⁵

1	2	3	4	5

P _____

| P R B |

R _____ *B* _____

Suche 2 Wörter, die sich reimen.

<u>Plan</u> Bad Rock Beil <u>Bahn</u> Pfeil Block Band Rad Rand

Plan			
Bahn			

Was kannst du essen?

Plastik *Blitze* *Butter* <u>*Pizza*</u> *Pinsel* *Pausen* *Birnen* *Ritter* *Raketen*

Rosinen *Popcorn* *Bananen* *Pfirsiche* *Reis* *Rotkohl* *Rosen* *Besten*

mit P	mit R	mit B
Pizza		

15

D

P R B D

Dorf   *Dose*

Dach

Dackel, Domino, Doktor, Daumen, Dorf, Dose, Dino, Dach

Sortiere nach Einzahl und Mehrzahl ein.

Rosen ~~Dorf~~ Brote Berg
~~Dörfer~~ Berge Brot Rose

Mofa Doktor Stoff Dosen
Doktoren Stoffe Dose Mofas

Einzahl   **Mehrzahl**   **Einzahl**   **Mehrzahl**

Dorf   *Dörfer*

16

C

O G

lown — Clown   iraffe

ans   fen

ma   omic

Comics _____   Cousine - - - - - -

Grill _____   Gerd _____

Onkel _____   Gitarre _____

Ostsee - · - · - ·   Olaf ....

.... fährt mit seinem _____ und

seiner - - - - - Clara an die - · - · - · .

Im Bus lesen .... und Clara _____ .

Abends sitzen alle am _____ und

Onkel _____ spielt _____ .

g

| g ng |

ganz   gut

geben   glatt

ng   Angst

Setze **ng** oder **g** richtig ein.

fa___en ✓	A___st	Heizu___	bri___en
Zu_	We_	Ri___	Fi___er
si___en	Hu___er	Vo_el	Zeitu___

fangen,

Welche Wörter sind hier versteckt?

afjunglr   ghlangprs   nmvgutä   ltgeradeumi   reganzäü

jung

hgwglattr   bcgelbqu   vtgroßbc   ltgrünxwt   squgrau

J J j

J

j

Igel   *Insel*

Junge   *Jahr*

ja   *jung*

Setze diese Wörter richtig ein.

Juli   *Juni*   *Januar*   *Monate*   *Jahr*

Das Jahr hat zwölf

Der erste Monat heißt

Vor dem August kommt der

Sommeranfang ist immer im

12 Monate sind ein

Ersetze die Indianerzeichen durch die richtigen Wörter.

 Tipi    Jogurt   Ines    Jonas   Idee    Jacken   Indianer    Jeans

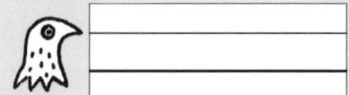 und 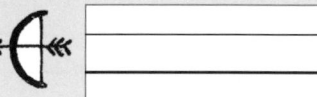 sind 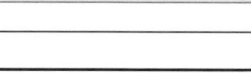 .

Jonas und  spielen 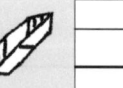 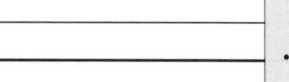 .

Sie haben ihre  bemalt und tragen

alte  . Jonas hat eine 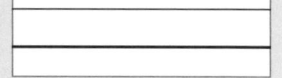 .

 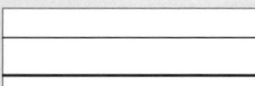 und  bekommen

einen neuen Namen.

 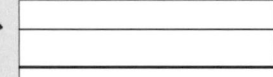 ist „Junger Falke".

 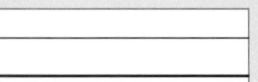 ist „Kluger Jäger".

Im essen sie ihren .

20

s   ss

so   still

sch   schön

schwarz   schwach

schwitzen

passen

stehen

rz ch

sz mm

ß f

h ll

das Schloss   der Schluss

o u

H M

K T

o a

au oo

T

F   H

Ha   He

Fr   Fl

Ti   Fa

♥ das   🍅 die

👖 die   🐟 der

Schreibe alle möglichen Wörter auf.

| H | eld |
| F | alle |

| T | inte |
| Fl | asche |

| Fr | atze |
| T | au |

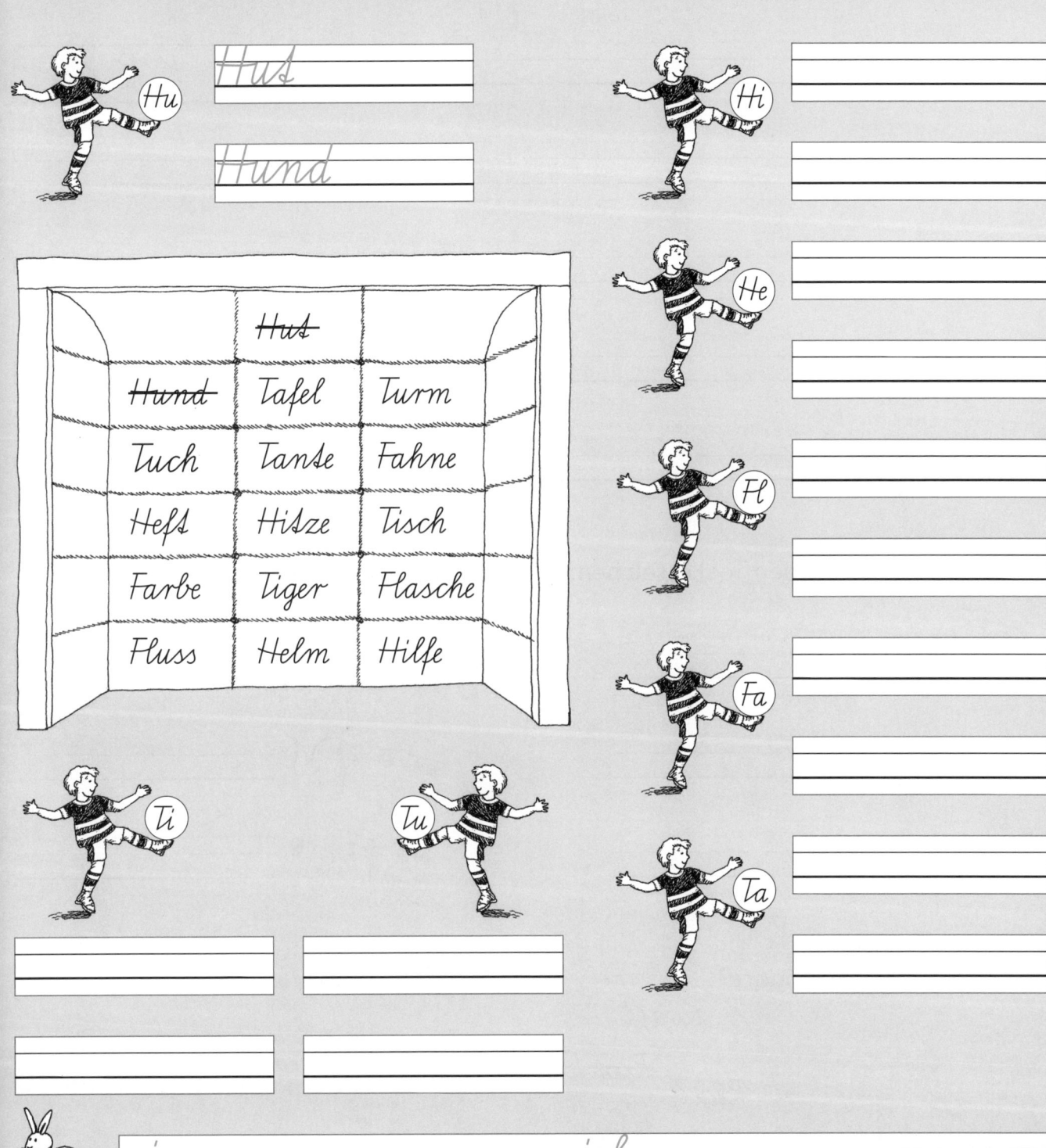

Hu Hut

Hund

Hi

He

Fl

Fa

Ta

Hut

Hund	Tafel	Turm
Tuch	Tante	Fahne
Heft	Hitze	Tisch
Farbe	Tiger	Flasche
Fluss	Helm	Hilfe

Ti

Tu

ein — viele

ein — viele

ein — viele

23

K

Kr   Kran

R   Regal

X   x

boxen   Xaver

Findest du die passenden Teekesselchen?

(Kelch, Raupe, Boxer, Kerze, Kamm, Karte)

Käfer

Richter – richtig

Wie heißen die Wortpaare?

Kraft
~~Richter~~
Regel
Hexe
Mixer

gemixt
kräftig
regeln
~~richtig~~
hexen

24

S

E — Esel

S — See

Segel — Erde

Salat — Elster

Welche Wörter wurden hier gewürfelt?

⚀ El	⚃ Sa	⚀ tern	⚃ sen
⚁ Se	⚄ Som	⚁ mer	⚄ lat
⚂ Ei	⚅ Schul	⚂ gel	⚅ men

E l t e r n — Eltern — _ _ _ _ _ —

_ _ _ _ _ _ _ _ — _ _ _ _ _ —

_ _ _ _ _ — _ _ _ _ _ —

_ _ _ _ _ — _ _ _ _ _ —

Sp _____ *St* _____

Sport _____ *Start* _____

Setze St oder Sp ein und male das richtige Nummernfeld an.

Stoff	*St*	(7)	*Sp*	15
.........*uhl*	*St*	3	*Sp*	20
.........*aß*	*St*	28	*Sp*	11
.........*ern*	*St*	22	*Sp*	18
.........*ort*	*St*	25	*Sp*	13
.........*rand*	*St*	35	*Sp*	37
.........*inne*	*St*	27	*Sp*	29
.........*ein*	*St*	16	*Sp*	30
.........*itze*	*St*	41	*Sp*	19
.........*ock*	*St*	31	*Sp*	1
.........*iegel*	*St*	33	*Sp*	8

Schreibe alle Wörter richtig auf.

Stoff. _____

_____

_____

$\mathscr{L}$ | $\mathscr{L}$

$\mathscr{La}$ $\mathscr{Le}$ $\mathscr{Lu}$

$\mathscr{Li}$ $\mathscr{Lied}$

Setze diese Wörter richtig ein. Schreibe die Sätze in Schreibschrift auf.

Lokal, Libelle, Leine, Laus, Leiter, Lama, Lampe, Licht, Lupe, Lehrer

Der 🧑 steht auf der 🪜 .

Die 🐛 kann man mit der 🔍 sehen.

Das 🦙 hat die ⭕ um den Hals.

Die 🦟 fliegt um die 💡 herum.

Das ☀ im 🏠 **Lokal** ist gemütlich.

27

_S Ss_

_Sa_   _Se_   _Sr_

_Ss_   _Sz_   _Ss_

_Ss_   _Mussi_

Kannst du die Rätsel lösen? Die Wörter unten helfen dir dabei.

Im Füller ist	_Tinte_	

Die Zähne muss man gründlich ___

Wenn man Durst hat, muss man ___

Wenn es blitzt und donnert, ist ___

Das Gegenteil von links ist ___

Gerechnet wird in ___

Im Zirkus arbeitet der ___

Nach Dienstag kommt immer ___

Viele Landkarten findet man im ___

Die Bremsen kann man ___

Mittwoch, putzen, ~~Tinte~~, Gewitter, trinken,

Artist, Atlas, rechts, testen, Mathe

Schreibe immer 2 Reimwörter untereinander.

Butter, Wette, Futter, Fett, Bitte, Bett, Kette, Mitte

ß

Fuß   Spaß

groß   Straße

Sortiere diese Wörter nach ihrer Wortart.

grüßen   Straße   spaßig   heiß   Strauß   schließen   Fuß
fleißig   Gruß   stoßen   beißen   Spaß   weiß   groß   heißen

Namen-Wörter oder Substantive	Tu-Wörter oder Verben	Wie-Wörter oder Adjektive

Finde die Gegensätze.
Schreibe sie untereinander.

heiß   fleißig   groß   kalt

faul   spaßig   klein   traurig

___ und ___ und ___ und ___

Schreibe die Wörter zu den passenden Wortbildern.

 zählen, trübe, Übung, Öl, ~~Äpfel~~, Ärmel, schön, Mädchen

\boxed{\ddot{A} \ \ddot{O} \ \ddot{U} \ \ddot{a}u}

Äpfel

Male die Kästen verwandter Wörter mit gleicher Farbe an.
Schreibe die verwandten Wörter in eine Zeile. Unterstreiche ü, au und äu.

Übung	üben

räumen	Mäuse	verträumt	Häuser	Traum

mausen	träumen	geräumig	einüben	mausig	häuslich

Raum	Haus	geübt	Räume	Träume	Gehäuse	Mäuschen

Übung – üben –

Z   *z*   **Z rz lz Az**

rz   *lz*   *Az*

kurz   *schwarz*

Zoo   *Zahn*

Findest du die 5 versteckten Wörter mit „Z z"? Schreibe sie auf.

Zeichen dkdkj Ziegehh ZtZufalls ur ZtZugrii lm Tl Ziegel

Zeichen,

sit		
set		
put	→ zen	
spit		

Her		
Schmer		
stür	→ zen	
wür		

pflan		
tan		
wäl	→ zen	
glän		

sitzen,

Setze die Wörter in der vorgegebenen Reihenfolge ein.
Achte darauf, dass <u>Satzanfänge groß</u> geschrieben werden.

Z̶i̶r̶k̶u̶s̶, Zuschauer, sitzen, jetzt, Platz, plötzlich,
Zebras, Zelt, wälzen, schwarzen, zur, Wurzeln, Zucker,
stolz, Netz, schwarze, glänzende, Anzüge, Zeit, zu

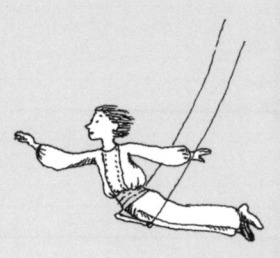

Heute ist *Zirkus* . Alle _____

_____ _____ auf ihrem

_____ . _____ kommen

_____ ins _____ gelaufen.

Sie _____ sich in der _____ Erde.

_____ Belohnung gibt es _____ und

_____ . Die Artisten turnen _____ über

dem _____ . Sie tragen _____ ,

_____ _____ . Die _____

vergeht leider viel _____ schnell.

V *v* | *Vv Ww*

W *w*

Wiese *Wal*

was *wie* *wer* *wo*

Der, die, das, wer, wie, was,

Der,

wieso, weshalb, warum ?

Wer nicht fragt, bleibt dumm.

Finde 6 Wörter mit V.

c	B	V	a	t	e	r	l	m	r
ä	t	e	N	r	V	a	s	e	k
m	V	o	g	e	l	S	d	e	t
p	o	x	c	V	e	r	b	o	t
V	e	r	k	e	h	r	q	u	p
s	t	ö	k	k	V	i	d	e	o

Ein Buchstabe ist zuviel. Streiche den überflüssigen Buchstaben weg und schreibe das Wort richtig auf.

v i e t l   v i i e r   v o k l l   K l a d v i e r   A d v e k n t

Fa   Ha   Fe   Ha

As   An   Au   Af

ol   or   rn   xe

Fr   He   As   Ha

Die Hexe	rennt	neben dem	Auto.
Mein Freund	turnt	am	Feld.
Anna	bleibt	hinter dem	Fass.
Der Hase	rollt	auf dem	Haus.
Frank	hext	vor dem	Ast.
Der Affe	schwimmt	unter dem	Heu.

Die Hexe

34

Schreibe die vier Sätze geordnet auf.

hat Anton einen Hund und kleinen Katze eine kleine	sind Freunde Hund und Katze gute	Conny einen besitzt Papagei schönen	kann Er sehr sogar und sprechen ist zahm

Anton hat

Ich

Satzarten

?   !

Schreibe die Sätze ab. Setze am Satzende das richtige Satzschlusszeichen.

Wessen Ball ist das
An der Ampel bleibe ich stehen
Halt, Frank
Woher kommt der Ball
Gestern fuhr ich Fahrrad
Vorsicht, ein Auto

Das kann Felix sagen (Aussagesatz). Am Satzende steht ein Punkt.

Gestern

Das kann Felix fragen (Fragesatz). Am Satzende steht ein Fragezeichen.

Das kann Felix rufen (Ausrufesatz). Am Satzende steht ein Ausrufezeichen.

Wie könnte die Geschichte enden?

Was machen die Tiere heute im Zoo?
Wenn du reimen kannst, findest du die Antwort.

Die Affen

Die Schlange

Die Pinguine

Der Elefant

Der Strauß

Der Bär

Das Krokodil

Zoo

suhlt sich im Sand.

geht ins Futterhaus.

ist groß und schwer.

will vom Futter viel.

toben wild und gaffen.

hängt an der Stange.

verziehen keine Miene.

Der Elefant suhlt

Weißt du, wie das Märchen richtig ist? Ersetze die unterstrichenen Wörter.
Schreibe das Märchen richtig auf.

Wolf, wohin sie gehen wollte, Jäger, Brot und Wein, Großmutter, Wald, Rotkäppchen

Grünmützchen ging in den Park. Sie wollte ihrer Tante Chips und Bier bringen. Plötzlich traf sie den Fuchs. Sie erzählte ihm einen Witz. Der Fuchs schlich ins Haus und verschlang die Tante und Grünmützchen. Später kam der Lehrer und rettete alle.

Für jedes Tier gibt es ein passendes Häuschen. Findest du sie alle?

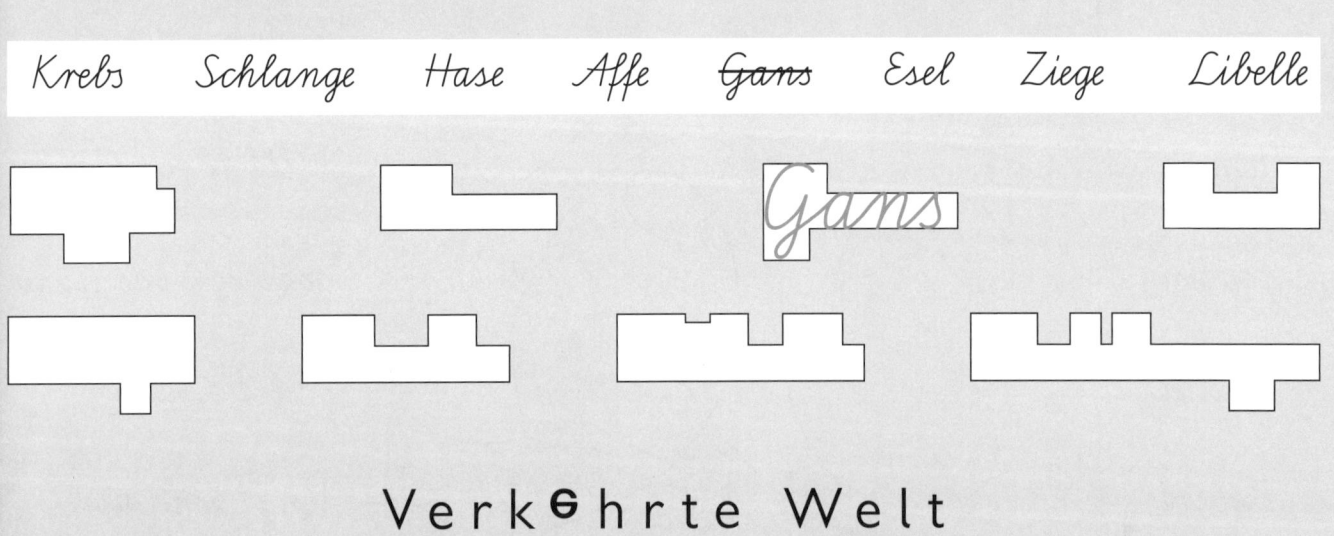

Krebs   Schlange   Hase   Affe   Gans   Esel   Ziege   Libelle

Verkehrte Welt

Hier sind die Sätze durcheinander. Schreibe sie richtig auf.

Die Maus jagt die Katze.

An den Äpfeln hängen Bäume.

Das Bett liegt im Kind.

In der Limonade ist die Flasche.

Der Tisch steht auf dem Teller.

Was machen diese Kinder in ihrer Freizeit? Schreibe die Sätze richtig auf.

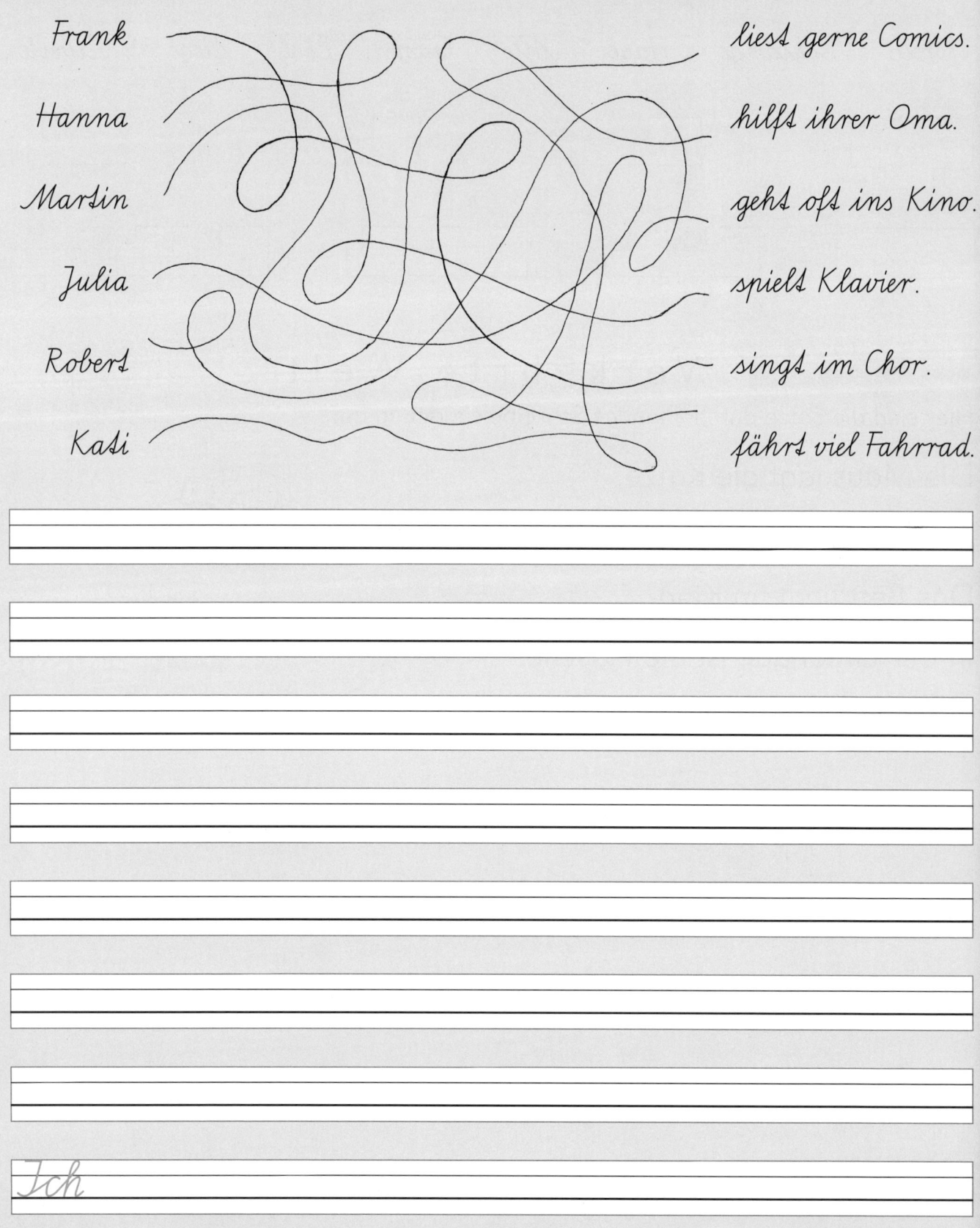

Frank — liest gerne Comics.
Hanna — hilft ihrer Oma.
Martin — geht oft ins Kino.
Julia — spielt Klavier.
Robert — singt im Chor.
Kati — fährt viel Fahrrad.

Ich